Catherine Tchitot N'Djaga Enombo

Mon histoire

Catherine Tchitot N'Djaga Enombo

Mon histoire

Un tremplin pour l'essor des désespérés

Éditions Croix du Salut

Impressum / Mentions légales
Bibliografische Information der Deutschen Nationalbibliothek: Die Deutsche Nationalbibliothek verzeichnet diese Publikation in der Deutschen Nationalbibliografie; detaillierte bibliografische Daten sind im Internet über http://dnb.d-nb.de abrufbar.
Alle in diesem Buch genannten Marken und Produktnamen unterliegen warenzeichen-, marken- oder patentrechtlichem Schutz bzw. sind Warenzeichen oder eingetragene Warenzeichen der jeweiligen Inhaber. Die Wiedergabe von Marken, Produktnamen, Gebrauchsnamen, Handelsnamen, Warenbezeichnungen u.s.w. in diesem Werk berechtigt auch ohne besondere Kennzeichnung nicht zu der Annahme, dass solche Namen im Sinne der Warenzeichen- und Markenschutzgesetzgebung als frei zu betrachten wären und daher von jedermann benutzt werden dürften.

Information bibliographique publiée par la Deutsche Nationalbibliothek: La Deutsche Nationalbibliothek inscrit cette publication à la Deutsche Nationalbibliografie; des données bibliographiques détaillées sont disponibles sur internet à l'adresse http://dnb.d-nb.de.
Toutes marques et noms de produits mentionnés dans ce livre demeurent sous la protection des marques, des marques déposées et des brevets, et sont des marques ou des marques déposées de leurs détenteurs respectifs. L'utilisation des marques, noms de produits, noms communs, noms commerciaux, descriptions de produits, etc, même sans qu'ils soient mentionnés de façon particulière dans ce livre ne signifie en aucune façon que ces noms peuvent être utilisés sans restriction à l'égard de la législation pour la protection des marques et des marques déposées et pourraient donc être utilisés par quiconque.

Coverbild / Photo de couverture: www.ingimage.com

Verlag / Editeur:
Éditions Croix du Salut
ist ein Imprint der / est une marque déposée de
AV Akademikerverlag GmbH & Co. KG
Heinrich-Böcking-Str. 6-8, 66121 Saarbrücken, Deutschland / Allemagne
Email: info@editions-croix.com

Herstellung: siehe letzte Seite /
Impression: voir la dernière page
ISBN: 978-3-8416-9851-3

Copyright / Droit d'auteur © 2013 AV Akademikerverlag GmbH & Co. KG
Alle Rechte vorbehalten. / Tous droits réservés. Saarbrücken 2013

MON HISTOIRE

KATHRYN TCHICOT

DEDICACE

Je dédie ce best au Bishop David O. OYEDEPO Président et Fondateur de l'Eglise Mondiale de la Foi Vivante – Chapelle des Vainqueurs Internationale.

Je dédie ce best à mes enfants Emmanuel et Emmanuelle. Je prie qu'ils fassent mieux que moi et qu'ils aiment, servent et craignent le Seigneur toute leur vie.

Je dédie enfin ce best à tous ceux qui ont eu le privilège de le lire en soignant un temps soit peu la forme, la correction et son élaboration. Que Dieu les bénisse tous !

Table des Matières

DEDICACE 2

PREFACE 5

QUI SUIS-JE ? 9

HISTOIRE DE MA NAISSANCE 15

MES DÉCENNIES 20

   20 AOUT 1961 – 20 AOUT 1971 21

   20 AOUT 1971 – 20 AOUT 1981 23

   20 AOUT 1981 – 20 AOUT 1991 27

   20 AOUT 1991 – 20 AOUT 2001 37

   20 AOUT 2001 A CE JOUR 54

KATHRYN KUHLMAN 63

PREFACE

Dans la vie d'un individu, il se passe toujours beaucoup de choses. Pendant notre séjour utérin déjà Dieu dit qu'«il nous connaît et que nos destinées sont établies d'avance ».

Ce best retrace en quelque sorte ma vie qui n'a pas été rose depuis le départ. Mais par la grâce de Dieu elle a été redressée pour la seule Gloire de Celui-ci.

A un moment de la vie de quelqu'un, on a l'impression qu'on touche le fond. On ne comprend plus rien mais, il y en a qui se ressaisissent et d'autres qui sombrent et même qui meurent sans avoir accompli quoi que ce soit.

Avec tous les témoignages qui sont dans ce best, je crois de tout mon cœur que tous ceux qui me liront seront édifiés. Ils comprendront qu'il y a de l'espoir même lorsque par moment la vie est catastrophique parce que **Luc 1 : 37** dit : *« Car rien n'est impossible à Dieu ».*

Rien ne laissait présager une vie meilleure pour moi. Mais par la grâce spéciale de Dieu aujourd'hui, tout est différent.

Je rends donc grâce à Dieu pour toutes ses délivrances et toute la restauration opérées sur moi.

PHOTOS PETITE ENFANCE

Avec mon Grand Père paternel, ma sœur aînée et mon petit frère (bébé) ; j'avais 2 ans

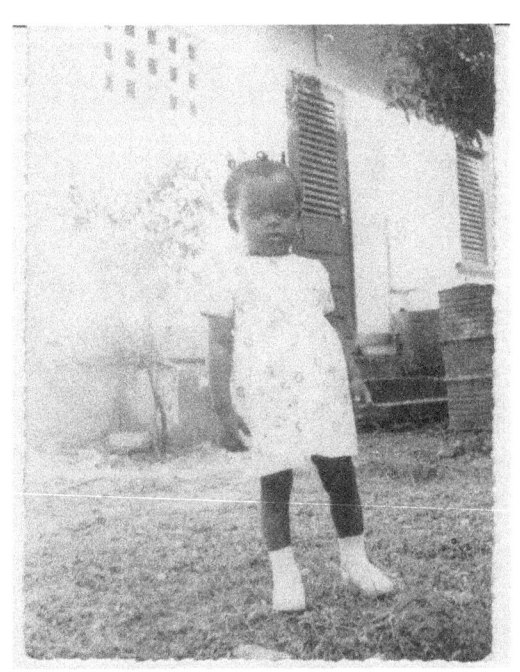

Le 04 Janvier 1964. J'avais 2 ans ½

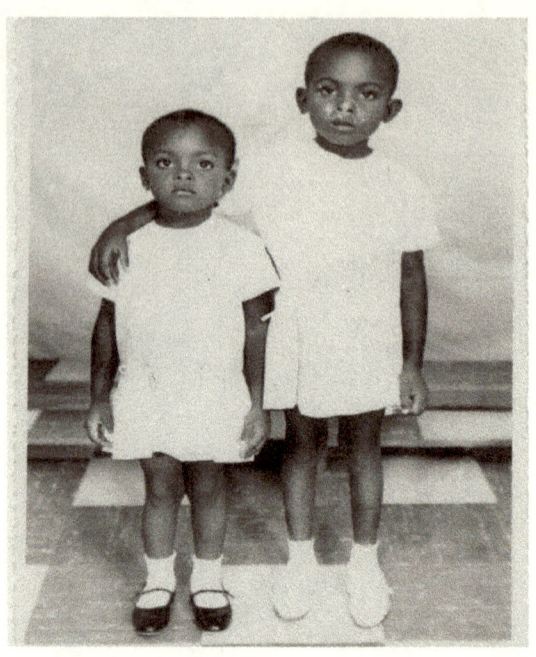

Le 26 Décembre 1964. J'avais 3 ans et 4 mois accompagnée de ma sœur aînée

QUI SUIS-JE ?

Je suis née le Dimanche 20 Août 1961 à 21h55' à Libreville (GABON). Je suis la deuxième d'une famille de 4 enfants. Je me prénomme Catherine Flavie Mireille et m'appelle TCHICOT N'DJAGA ENOMBO.

Mon père Monsieur N'DJAGA-ENOMBO Ernest était Contrôleur de la Navigation Aérienne et ma mère Madame N'DJAGA-ENOMBO Sophie née AKIREMY ASSONOUET était quant à elle Secrétaire à l'époque. Ils se sont rencontrés au mois de Mai 1958 à Libreville. La tante maternelle de ma mère qui était aussi la marraine de mon père était l'instigatrice de leur rencontre. A la suite de cela, ils se sont mariés le 06 Juin 1959 toujours à Libreville (Dot – Etat Civil – Eglise).

Le mariage de mes parents le 06 Juin 1959 à Libreville

PHOTOS DE FAMILLE

Je suis à la gauche de ma mère (1969)

Je suis en boubou pagne rouge (1990)

A Port-Gentil 2ème à partir de la gauche le 15 Avril 1967 à quelques jours de notre départ sur Lambaréné

1ère à partir de la droite accompagnée de ma sœur aînée, de mon petit-frère et de la benjamine qui n'avait que 6 jours.

HISTOIRE DE MA NAISSANCE

Après ma naissance, mon père est allé voir sa mère pour lui annoncer que son épouse vient de faire une fille et qu'il avait décidé de donner son prénom à la nouvelle née. Sa mère lui a dit :

- « Si tu veux donner mon prénom, tu donnes aussi mon nom ».

Mon père de s'exclamer :

- « Non juste ton prénom».

Sa mère a rétorqué :

- « Alors laisse tomber ce n'est pas moi qui t'ai appelé et d'ailleurs je ne t'ai rien demandé ».

Mon père a fini par me donner le nom et le prénom de sa mère « TCHICOT Catherine » suivi bien sur de son nom à lui et de deux autres prénoms.

Le désir d'avoir une petite fille qui porte enfin son nom et son prénom animait le cœur de celle-ci.

Il faut remarquer que ma grand-mère était une femme de valeur et pleine de vertus ; très souvent incomprise mais sûre d'elle. Je l'ai bien connue. Après mes voyages, je venais toujours lui raconter mes bêtises et elle avait à son tour quelques conseils à me prodiguer. Elle ne me condamnait pas mais me donnait des conseils comme je l'ai dit plus haut. Ces conseils, je les applique jusqu'aujourd'hui. Nous nous appelions « DINA » qui veut dire « HOMONYME ».

Aux derniers moments de sa vie, elle ne faisait plus confiance aux gens de la maison sauf à moi. Chaque fois que j'arrivais, elle savait que sa petite fille chérie « DINA » était là et qu'elle allait passer des moments de bonheur ; je l'aimais beaucoup ma grande mère.

Un jour, ma mère m'a demandé de voir avec elle afin d'obtenir la bénédiction en ce qui concerne l'enfantement étant donné que je n'arrivais pas à enfanter. Elle a entendu ma mère me le dire et elle de répondre : « Si elle est vraiment la fille de mon fils et qu'elle porte mon nom, étant donné que moi-même j'ai eu 10 enfants, eh bien elle enfantera aussi…… ».

Elle est tombée malade une semaine avant sa mort. En passant lui rendre visite mon père m'a dit : « Ta Dina qu'est ce que tu en penses ? Qu'est ce qui lui arrive ? ». Et moi de lui répondre : « Elle est entrain de partir, elle va nous quitter ». Il n'y a pas cru du tout et une semaine après il était devant la réalité implacable de la mort.

Elle est morte à l'âge de 90 ans le Lundi 15 Novembre 1993 après avoir accepté Jésus comme son Seigneur et Sauveur par la Grâce Spéciale de Dieu. Sept mois plus tôt, elle refusait de l'accepter en prétextant qu'elle n'était pas prête et qu'elle ne voulait pas mourir. J'en ai fais un sujet de prière et cinq mois plus tard, elle acceptait Jésus.

Elle est partie en paix et a été enterrée le 19 Novembre 1993 au Cimetière de Plaine Niger (Naïdia) à Libreville au Gabon où repose aussi son époux Jean Baptiste qui l'a précédé en 1982.

Après son décès, je suis devenue enfin maman le 25 Juillet 1995. Je remercie ma grand-mère qui a été un modèle pour moi, elle m'a montrée qu'il est possible, malgré la pression de ce siècle d'être une personne de valeur.

2 Thessaloniciens 3 : 9 « *Nous avons voulu être pour vous un exemple à imiter* ».

Je crois de tout mon cœur que je la reverrai au ciel et que nous allons nous réjouir à nouveau.

Ma grand-mère « DINA » et son époux Jean Baptiste.

Mon grand-père maternel

Ma grand-mère maternelle (celle chez qui j'allais me refugier après mes bagarres).

MES DÉCENNIES

20 AOUT 1961 – 20 AOUT 1971

En 1968, au mois de Mai mon père a été affecté à Lambaréné (Moyen Ogooué, une province du Centre du Gabon) pour y occuper le poste de Commandant d'Aérodrome parce qu'il était Contrôleur de la Navigation Aérienne comme je l'ai dit plus haut.

J'avais 7 ans et j'étais en classe de CP2 (appellation de la 2ème année de l'école primaire à l'époque) ; c'était l'époque des encriers, des plumes et des buvards sur nos tables bancs ; cette période était vraiment géniale.

Ma mère m'a raconté que j'aimais beaucoup porter les robes déchirées qu'il arrivait que je déchire moi-même.

Un jour en revenant de l'école, je suis tombée et je me suis égratignée le genou droit ; ayant peur de l'alcool à 90° je n'ai rien dit à mes parents. La blessure s'est infectée et j'ai dû me faire hospitaliser à l'hôpital SCHWEITZER avec ma mère qui avait un bébé, ma petite sœur la benjamine qui n'était âgée que de 11 mois. Mon genou avait considérablement enflé et était rempli de pus.

Ils ont voulu m'amputer le pied droit mais le chirurgien de l'époque, le Docteur MOUSS qui était aussi Allemand a dit à mon père qu'il allait essayer de m'opérer et que si l'opération ne réussissait pas, j'allais être amputée de mon pied droit.

Par la grâce de Dieu, l'opération a réussi après avoir retiré au moins 10 biberons de pus de mon petit genou. Pour cela, je remercie l'Eternel qui n'a pas permis qu'on m'ampute le pied parce que dans ma destinée, Dieu le Créateur ne l'avait pas prévu.

Jérémie 29 : 11 *« Car je connais les projets que j'ai formés sur vous, dit l'Eternel, projets de paix et non de malheur, afin de vous donner un avenir et de l'espérance ».*

PHOTOS DE LAMBARENE

A Lambaréné (Juin 1968)

Avec mes sœurs et mon petit-frère (Juin 1968)

20 AOUT 1971 – 20 AOUT 1981

Après un séjour de quatre ans à Lambaréné, nous voilà revenus à Libreville. Nous habitions le quartier la Peyrie et j'étais inscrite à l'Ecole Publique d'Akébé en classe de CM1 (appellation de l'époque de la 4ème année). Dans cette école, je me battais tous les vendredis pour un rien après les cours à 17h. Après m'être battue à l'école, en rentrant à la maison mon père me posait la question de savoir si je me suis battue ? Ma réponse presque tout le temps était oui et je recevais de sa part une bonne raclée à mon tour. Malgré tous ces coups la semaine qui suivait je recommençais.

Une fois, après m'être battue, mon père m'a posé la question habituelle : « Tu t'es encore battue ? » J'ai répondu par l'affirmative et il m'a demandé de m'allonger sur la table le temps pour lui d'aller prendre le fouet encore appelé chiquotte. Il m'a fait allonger sur la table. A son retour j'avais disparu. J'avais hérité de mon côté paternel justement l'esprit de bagarre et mon père le savait.

J'ai couru de la maison familiale au domicile de ma grand-mère maternelle qui habitait juste à côté de l'école primaire que je fréquentais.

A 17h, cette dernière m'a demandé de rentrer à la maison. Je lui ai dit que papa allait me frapper encore. Elle m'a convaincue de rentrer en me disant que mon père n'allait plus me taper et que je devais lui dire que j'étais chez elle. Je tiens à faire remarquer que les relations entre la belle-mère et son beau fils n'étaient pas au beau fixe. Ma grand-mère était veuve : elle avait perdu son mari très jeune à l'âge de 32 ans.

J'aimais les copines et j'en avais beaucoup. Je me souviens qu'un jour, j'ai emmené 4 de mes copines à la maison. Nous sommes rentrées dans la chambre que je partageais avec ma sœur aînée. Une de mes copines s'est assise sur le cahier de cours de ma sœur, les pages de celui-ci se sont froissées. Elle était à l'époque en classe de 5ème à l'Institution Immaculée Conception. Ce soir là, ma mère a tout raconté à mon père et j'ai encore reçu une raclée pour ce délit. Je répète que j'étais une enfant très difficile, têtue et rebelle.

Une fois, j'avais besoin d'argent et j'en ai demandé à mon père. Ce dernier m'a dit que tout ce que je savais c'était de demander de l'argent mais que lorsqu'on me demandait de faire quelque chose je refusais. Je l'ai regardé et je lui ai dit en face que je ne lui demanderais plus rien. J'avais 12 ans et c'est ce que je fis. Chaque fois que j'avais besoin de quelque chose je la demandais à ma mère qui me la donnait, peut être pas au moment même. Mais elle savait me faire attendre et me satisfaisait toujours.

Quelques temps après, je devais passer mon CEPE et mon entrée en 6ème. J'ai été admise au CEPE et je n'ai pas eu mon entrée en 6ème. Par le canal d'un ami à mon père, aujourd'hui décédé, j'ai été inscrite au Lycée Technique National Omar Bongo situé sur l'axe de l'Aéroport à l'époque (aujourd'hui ce lycée est situé à Owendo) en classe de 6ème ; j'y suis restée jusqu'en classe de 1ère.

Je continuais toujours à fréquenter et à vivre avec mes copines. Un soir, je devais sortir encore avec elles pour aller danser sans la permission de mes parents comme d'habitude.

Ayant eu des antécédents avec mon petit frère dans la journée, ce dernier a refusé de me couvrir parce que c'est lui qui me couvrait à chacune de mes sorties. J'ai pris mes responsabilités et je suis quand même partie ; en rentrant à 5h du matin, j'ai cogné chez mon frère. Il m'a signalé que nos parents ont su que j'étais sortie.

Cette nuit là, chez nos voisins, il y avait une « boum (soirées dansantes récréatives pour les jeunes)» qui faisait beaucoup de bruit. J'ai décidé de monter au plafond pour atterrir dans la douche et aller dans ma chambre que j'avais moi-même fermée à clef en sortant. Manque de pot, je suis tombée dans la chambre de mon petit frère. J'ai vraiment failli me faire mal. Là encore, le Dieu Créateur m'a protégée. Il y a eu un grand bruit et mes parents se sont réveillés. Ils ont découvert le gros trou au plafond tandis que moi je gisais par terre. En fait, j'ai eu plus de peur que mal car je m'en étais sortie indemne sans la moindre égratignure.

Toutefois, comme à l'accoutumée, j'ai reçu une bonne raclée. Après réflexion, mon père m'a appelée et m'a encore posée la question de savoir pourquoi j'avais fait cela sans avoir mesuré l'ampleur de ma bêtise. Il m'a donc ouvertement devant ma mère, ma sœur aînée, mon petit frère et la benjamine donné ma liberté, que je cherchais tant.

J'étais toujours la meneuse. Je n'avais pas pour autant changé parce qu'il me fallait rentrer à l'internat où je devais préparer mon B.E.T. (Brevet d'Etudes Techniques). Je l'ai passé et j'ai été admise pour la phase écrite. Il faut remarquer qu'à l'époque, après avoir passé le BET, il n'était pas obligatoire de continuer, c'était au choix de l'élève et j'ai préféré m'arrêter là. J'aimais être libre et revendiquais déjà mon indépendance tout le temps. J'ai commencé mon stage à la SNBG (Société Nationale des Bois du Gabon) et j'ai soutenu mon travail pour la phase orale devant un jury composé de plusieurs personnes.

Avec mon statut de meneuse, j'ai été admise après la soutenance avec « Félicitations du Jury » malgré tout. Ils ont voulu me garder à la SNBG mais j'ai eu une offre d'emploi plus alléchante à l'Hypermarché M'bolo où j'ai du passer des tests psychotechniques de pré embauche. Tests que j'ai réussi avec brio. Il faut remarquer que la formation reçue à cette époque était remarquable avec des enseignantes ayant fait leurs preuves (Feue Mme NTOUTOUME EMANE Sophie, Mme EDANE NKWELE Nicole, Mme FLOURENS Jeannette etc.). Nous étions les meilleures sur la place.

PHOTOS DE JEUNESSE

En cravate

Avec ma sœur aînée, ma cousine et un voisin (Août 1975)

Au Cap Estérias en 1975

Avec la tenue du Lycée Technique National Omar Bongo

20 AOUT 1981 – 20 AOUT 1991

J'ai maintenant 20 ans, je suis devenue indépendante, je travaille, j'ai mon argent, je suis libre et j'ai un petit studio tout mignon à moi seule au quartier « La Peyrie ». La vie est belle : à moi l'aventure !

Pendant mon stage à la SNBG, je rencontre par hasard un homme que j'ai aimé passionnément. Mais lui, il était militaire et travaillait dans l'avion présidentiel d'un Chef d'Etat d'Afrique de l'Ouest. Il était de passage à Libreville avec son patron Monsieur le Président.

Ses séjours au GABON étaient fonction des séjours du Président où encore parfois nous nous retrouvions ailleurs (Paris, Lomé, Abidjan etc.). A chaque rencontre, on se demandait à quand la prochaine fois ? Même au téléphone, ce n'était pas évident. Il était constamment en déplacement. A un moment donné sur son insistance, j'ai décidé d'effectuer un voyage dans son pays. Pendant mon séjour, il m'a proposé le mariage polygamique parce que lui, il était déjà marié. J'ai refusé cela catégoriquement parce que dans le paquet de ma destinée, il n'y avait pas de polygamie.

D'ailleurs ma mère n'a pas été dans un mariage polygame et je n'ai jamais connu cela.

J'ai passé mon permis de conduire en Octobre 1983 et voyant que je n'allais nulle part avec cet amour passion, je me suis mise avec un gabonais de mon ethnie, fils d'une grande famille qui venait de rentrer de France. Je quitte donc mon beau petit studio et m'installe avec lui.

Entre temps, j'avais perdu mes menstrues depuis belle lurette et j'allais de tradipraticien en tradipraticien. Je cherchais un enfant à tout pris. Mais comment enfanter sans mes menstrues ? Dans cette attitude de recherche, un homme ne me suffisait plus. J'étais presque condamnée parce qu'il me fallait aller d'un homme à un autre pour tenter ma chance et espérer trouver le père de mon éventuel « enfant ».

Le 03 Janvier 1987, mon père se fait introniser Chef Coutumier de notre Communauté Mpongwè. J'assiste simplement aux cérémonies et cette vie d'adorer les « dieux « étrangers » ne me dérange pas du tout.

En Juillet 1988, je me fais initier au Ndjembé (rite initiatique de mon ethnie) en espérant que c'est sûrement de ce côté-là que j'aurais l'exaucement de mes prières c'est-à-dire avoir mes menstrues et surtout l'enfant que je recherchais.

En Octobre 1988, mon patron le Directeur Général de M'BOLO est affecté en France et refuse d'y aller. Il préfère démissionner. A partir de là, il quitte donc la Société et moi je suis jetée aux oubliettes car j'étais sa Secrétaire Particulière. Ce n'était pas facile, c'était vraiment difficile pour moi. J'arrivais le matin à 08h, je restais jusqu'à 12h. L'après midi, de 15h à 18h, je n'avais rien à faire.

Dans mon bureau à l'Hypermarché M'BOLO

Tous mes collègues m'avaient abandonnée sauf un jeune homme Philippe avec qui je m'entendais bien. Il me remontait le moral et c'était vraiment pénible pour moi. Je n'avais pas encore compris que j'entrais dans une nouvelle saison. Je me suis retrouvée dans son lit. Nous sommes restés ensemble étant donné que je me retrouvais seule parce que séparée de mon ami qui était de la même ethnie que moi. Je retrouvais en lui un réconfort. Au début de notre relation, il m'est arrivé de faire encore des bêtises.

En 1989, j'ai rencontré des femmes qui priaient dans le Renouveau Charismatique. Il faut dire qu'à ce moment là au Gabon un réveil s'était manifesté. Les gens priaient beaucoup et c'était vraiment bien. On venait de découvrir une nouvelle façon de prier et le Saint Esprit se manifestait puissamment -c'était merveilleux pour nous.

Ces femmes m'aimaient beaucoup et avaient compris que j'aimais le Seigneur tout en étant encore liée. Elles m'ont exhortée pendant un bon moment et ont décidé de me mettre en travail spirituel en me demandant de faire un jeûne de 3 jours que je devais couper tous les soirs à 18h avec un verre d'eau sucrée et juste un petit morceau de pain. En me donnant les recommandations sur le jeûne que je devais faire, elles ont insisté sur le fait que ce n'est pas un homme qui allait me délivrer mais Jésus-Christ Lui-Même. Elles m'ont donc demandé de dire constamment : « Jésus-Christ délivre moi ! Jésus-Christ délivre moi ! Jésus-Christ délivre moi ! » Parce que c'est seulement Jésus-Christ qui a payé le prix en mourant sur la croix du calvaire.

Le premier jour du jeûne s'est bien passé. Le deuxième aussi. Au troisième jour, j'ai été ravie en esprit par l'Esprit de Dieu et je me suis retrouvée à la plage couchée à plat ventre sur le sable. Il y avait un monsieur debout à côté de moi qui tenait un bâton à la main puisque je voyais le bout du bâton à côté de ses pieds.

Lorsque je levais ma tête pour essayer de regarder qui était là, je n'atteignais que la cheville de ce monsieur. J'étais vraiment miniature devant cette personne. Alors j'ai entendu : « Sors de ce corps ... » et j'ai vu une cohorte de choses bizarres sortir de moi (ce genre de choses on les voit à la télé c'est ce qui fait le plaisir de nos enfants j'ai cité les dessins animés bizarres : d'où la nécessité pour nous les parents de contrôler ce que nos enfants regardent à la télé). C'était des démons qui sortaient en poussant des gémissements hideux.

Une deuxième fois, ce monsieur a dit : « Sors de ce corps... » Il y a encore eu des démons mais un peu moins que la première fois. La troisième fois, il a dit : Sors de ce corps... » Et là une grosse voix s'est faite entendre et elle disait « Non... » avec un écho terrible. Après l'écho, ce monsieur a de nouveau dit : « Sors de ce corps.... » Et le démon a crié de plus belle « Non... ». Alors ce monsieur après l'écho a levé son bâton et l'a posé sur moi en disant cette fois ci avec autorité : « J'ai dit que tu sors de ce corps.... » Et à ce moment une grosse chose est sortie de moi entre mes deux épaules et mon cou en trépignant et en criant très fort « Non.... » Avec un écho effroyable. Après l'écho ce monsieur a dit : « C'est le démon du sexe, il a habité avec toi depuis longtemps mais maintenant il est parti... ».

Osée 5 : 4 *« Leurs œuvres ne leur permettent pas de revenir à leur Dieu, parce que l'esprit de prostitution est au milieu d'eux, et parce qu'ils ne connaissent pas l'Eternel ».*

Hébreux 4 : 13 *« Il n'existe aucune créature qui soit cachée devant lui, mais tout est à nu et découvert au yeux de celui à qui nous devons rendre compte ».*

Il existe un esprit de prostitution ; cet esprit a un désir ardent pour la saleté, l'immoralité sexuelle et s'exprime par des mouvements suggestifs dans le corps, etc. Vous avez peut être pleuré secrètement, vous avez jeûné, vous avez prié mais vous êtes toujours sous son emprise. C'est un esprit : l'esprit de prostitution, c'est l'esprit de l'adultère et de fornication, c'est un esprit de contrôle, un esprit impur, mais vous avez l'autorité sur lui parce que Jésus nous a donné le pouvoir de chasser les esprits impurs.

Matthieu 10 : 1 *« Puis, ayant appelé ses douze disciples, il leur donna le pouvoir de chasser les esprits impurs et de guérir toute maladie et toute infirmité ».*

Lorsque je suis revenue en moi dans ma chambre, je tiens à dire que je ne suis pas revenue automatiquement en moi cela a été un peu long parce que je devais d'abord reprendre tous mes esprits et réaliser ce qui venait de se passer. J'ai pris alors ma Bible et je l'ai ouverte, je suis tombée sur le verset suivant :

Matthieu 17 : 14 à 21 *« Lorsqu'ils furent arrivés près de la foule, un homme vint se jeter à genoux devant Jésus et dit : Seigneur, aie pitié de mon fils qui est lunatique et qui souffre cruellement ; il tombe souvent dans le feu et souvent dans l'eau. Je l'ai amené à tes disciples et ils n'ont pas pu le guérir. Race incrédule et perverse répondit Jésus, jusque à quand serai-je avec vous ? Jusqu'à quand vous supporterai-je ? Amenez-le-moi ici. Jésus parla sévèrement au démon qui sortit de lui, et l'enfant fut guéri à l'heure même. Alors les disciples s'approchèrent de Jésus et lui dirent en particulier : Pourquoi n'avons-nous pas pu chasser ce démon ? C'est à cause de votre incrédulité leur dit Jésus. Je vous le dis en vérité, si vous aviez de la foi comme un grain de sénevé, vous diriez à cette montagne : Transporte toi d'ici à là et elle se transporterait ; rien ne vous serait impossible. Mais cette sorte de démon ne sort que par la prière et le jeûne».* Dieu est bon !

Dans la soirée même, ne voulant pas attendre le lendemain, j'ai été voir ses deux femmes pour leur faire le compte rendu de ce que je venais de vivre. Elles étaient à leur tour remplies du Saint Esprit et glorifiaient Dieu parce qu'elles venaient de se rendre compte que Jésus le Maître m'avait Lui Même délivrée.

Que retenir de ce témoignage ?

1. Ne voyant que la cheville de ce monsieur qui était debout à côté de moi, Dieu me montrait par là combien de fois l'homme est petit devant lui ;
2. Cet homme parlait avec autorité aux démons. La Bible déclare que Jésus chassait les démons avec autorité et par sa parole ;
3. Ce monsieur tenait un bâton. La Bible déclare encore que Jésus est le Bon Berger et un berger a toujours un bâton en main ;
4. La Parole de Dieu est venue confirmer qu'elle est véritable puisqu'il est écrit : « Mais cette sorte de démon ne sort que par la prière et le jeûne ».

Après cette délivrance, j'ai accepté Jésus-Christ comme mon Seigneur et mon Sauveur personnel pendant une réunion du FULL GOSPELL à l'Hôtel DOWÉ à Libreville (Gabon). Mon baptême d'eau a eu lieu aussitôt après avoir accepté Jésus Christ. Mais j'avais toujours mon souci de menstrues, d'enfants. La pression commençait à être forte à cause de ce handicap et j'ai décidé à cause de certaines humiliations que je subissais de prendre ce problème au sérieux et d'aller me faire soigner dans un grand centre spécialisé en la matière à Dakar au Sénégal. Cela n'a pas été facile mais en 1991 j'y suis allée avec toutes mes affaires.

La famille qui m'a logée m'a proposée de faire un mariage blanc avec leur fils aîné, ce mariage blanc allait me permettre de ne pas payer les frais médicaux qui étaient énormes.

Revenue au Gabon, j'ai repris mon travail parce que mon employeur ne m'avait accordé que quatre mois d'absence et j'ai aussi repris ma relation avec Philippe que j'avais laissé à Libreville. Ayant emmené avec moi le livret de mariage blanc de Dakar, il a fouillé dans mes affaires et a retrouvé ce document.

Jusqu'aujourd'hui, il n'y croit pas mais Dieu m'a pardonné. Voyez-vous, la Bible déclare que lorsqu'un esprit est sorti de l'homme il va et ramène d'autres esprits plus méchants que lui et reviennent dans la maison qu'ils trouvent balayée et nettoyée ; c'était mon cas et surtout que ce gros démon le disait qu'il ne voulait pas partir, finalement il est parti au Nom de Jésus !

Je voulais vous faire comprendre que la douleur peut pousser à toucher à ce qu'il ne faut pas, si tu n'as pas le cœur plongé dans la Parole de Dieu.

Matthieu 12 : 43 à 45 *« Lorsque l'esprit impur est sorti d'un homme, il va par des lieux arides, cherchant du repos et il n'en trouve point. Alors il dit : je retournerai dans ma maison d'où je suis sorti et quand il arrive, il la trouve vide, balayée et ornée. Il s'en va, et il prend avec lui sept autres esprits plus méchants que lui ; ils entrent dans la maison, s'y établissent, et la dernière condition de cet homme est pire que la première. Il en sera de même pour cette génération méchante ».*

J'ai reçu la délivrance et me voilà à nouveau avec des hommes. Je ne vous cache pas que parfois c'était une réelle lutte pour moi ; j'entendais des voix qui m'appelaient à aller faire ce que je faisais avant mais progressivement la délivrance totale s'est installée. Soyez délivrés de toute oppression du diable au Nom de Jésus ! Dieu est vraiment bon pour nous.

Les pensées de l'homme sont le champ de bataille entre Dieu et le diable, entre le bien et le mal, mais c'est à vous de savoir quoi penser car les pensées sont des semences qui produisent selon leur espèce. Il y a une lutte acharnée dans ta pensée à un certain moment ou à une période. D'où la nécessité donc, pour nous qui sommes chrétiens, de renouveler notre pensée par la Parole de Dieu et de la noyer dans le Sang de Jésus.

Romains 7 : 17 à 20 *« Et maintenant ce n'est plus moi qui le fais mais c'est le péché qui habite en moi. Ce qui est bon, je le sais n'habite pas en moi, c'est-à-dire dans ma chair : j'ai la volonté mais non le pouvoir de faire le bien. Car je ne fais pas le bien que je veux et je fais le mal que je ne veux pas. Et si je fais ce que je ne veux pas ce n'est plus moi qui le fait, c'est le péché qui habite en moi ».*

Le péché n'aura plus de pouvoir sur vous au Nom de Jésus !

Romains 6 : 12 *« Que le péché ne règne donc point dans votre corps mortel, et n'obéissez pas à ses convoitises. Ne livrez pas vos membres au péché, comme des instruments d'iniquité ; mais donnez-vous vous-mêmes à Dieu, comme étant vivants de morts que vous étiez, et offrez à Dieu vos membres, comme des instruments de justice. Car le péché n'aura point de pouvoir sur vous, puisque vous êtes, non sous la loi, mais sous la grâce. »*

PHOTOS DE CATHERINE

A Port-Gentil

A Gien en France

A Dakar au Sénégal

A l'Hypermarché M'BOLO

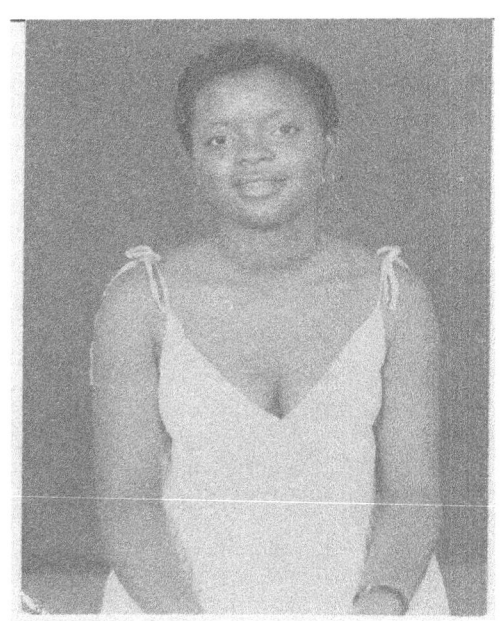

A Paris en France

A Dakar au Sénégal

A New-York (U.S.A)

20 AOUT 1991 – 20 AOUT 2001

Au mois de Novembre 1992 j'apprends que Philippe qui travaillait aussi dans la même société que moi a une autre relation dans celle-ci et que tout le monde le savait sauf moi.

En Février 1993, je reçois la visite des parents de Philippe ; le jour de leur arrivée, il me demande d'aller les chercher à l'aéroport parce que lui n'avait pas le temps. Leur séjour est parsemé de problèmes. Il arrive que parfois des parents s'immiscent dans la vie de leurs enfants pourtant devenus adultes eux-aussi. A ce moment précis nous avons besoin de la sagesse de Dieu pour pouvoir mettre chacun à sa place et avoir la stabilité comme le dit :

Esaie 33 : 6 *« Tes jours seront en sûreté ; la sagesse et l'intelligence sont une source de salut. La crainte de l'Eternel, c'est là le trésor de Sion ».*

Ils restent un mois et la veille de leur départ, je perds mon emploi après onze ans de service sans aucune sanction dans mon dossier au préalable. Juste après mon licenciement, j'apprends que la petite amie de Philippe est enceinte de lui : c'est le choc pour moi. Il m'arrive même de remercier Dieu d'avoir été licenciée.

Ma sœur qui est en mission à Mouila au Sud du Gabon m'invite histoire de changer d'air. J'y reste trois semaines et reviens à Libreville pour repartir sur Cotonou au Bénin, cette fois-ci pour voir une de mes tantes que j'aimais bien.

Au mois de Juillet 1993, je décide d'aller vivre aux USA ; j'obtiens donc mon visa pour 5 ans et je pars début Août 1993 à New York pour ne plus revenir. Voyage agréable parce que nous faisons : Libreville - Abidjan - Casablanca - New York aller et retour obligatoire à l'achat du billet sinon pas de visa.

J'ai vu les 2 tours jumelles parce que je passais par là pour rentrer chez moi, j'habitais Manhattan. Je n'ai pas supporté le train de vie des américains et j'ai décidé de rentrer au Gabon trois semaines plus tard. Je vous assure que ma vie manquait de stabilité, j'étais constamment entrain de papillonner.

Le 30 Septembre 1993 je refais un tour à Cotonou au Bénin et pendant mon séjour béninois ma tante me propose de faire un aller et retour sur Lagos au Nigeria pour changer d'air. J'étais toujours triste. Elle m'a affectée donc un neveu à son mari pour me servir de guide. Le rendez vous est pris pour le lendemain matin à 6h 30'. Nous avons quitté Cotonou et sommes arrivés à Lagos plus précisément à la Poste de Lagos parce que je voulais acheter des cartes souvenir et des timbres et les poster sur place.

Dans la rue, il y avait deux petites filles de 4 et 7 ans. La particularité de ces deux fillettes était qu'elles demandaient l'aumône. La plus petite qui a tiré mon short en me faisant le geste : « donne-moi… ».

J'ai demandé à mon guide de lui remettre des nairas (unité monétaire du Nigéria) mais il a plutôt donné à la plus grande. Deux minutes plus tard, la petite me fit encore signe et je me suis rendue compte que ce n'était pas à elle que mon guide avait remis l'argent. Je lui ai posé la question et il m'a dit qu'il avait donné à la grande fille et que c'est sans importance, j'ai ordonné qu'il remette des nairas à la petite fille.

Juste après avoir donné de nairas à cet enfant la petite voix du Saint Esprit m'a parlé audiblement : « Je te donnerai une fille comme elle… ». Mais j'étais stérile et malgré la stérilité qui était visible en moi j'y ai cru, je n'ai pas douté.

La Bible déclare dans **Luc 1 : 37** : *« Car rien n'est impossible à Dieu… »*.

Elle déclare encore dans **Romains 10 : 17** *« La foi vient de ce que l'on entend et ce que l'on entend vient de la parole de Dieu… »*.

Elle déclare enfin dans **Habacuc 2 : 2 à 3** *« L'Eternel m'adressa la parole, et il dit : Ecris la prophétie, grave la sur des tables afin qu'on la lise couramment. Car c'est une prophétie dont le temps est déjà fixé, elle marche vers son terme et elle ne mentira pas ; si elle tarde, attends là, car elle s'accomplira, elle s'accomplira certainement »*.

En rentrant maintenant sur Cotonou, pendant que nous étions à la gare routière quelqu'un m'a tapoté à l'épaule droite et lorsque je me suis retournée (parce qu'on m'avait dit qu'à Lagos il fallait faire très attention dans la rue) je me suis retrouvée devant l'horreur. Un monsieur très grand et qui avait l'œil ouvert et n'avait pas de rétine du tout. A la place de la rétine il y avait un gros trou. J'ai retourné ma tête et me suis déplacée légèrement.

Quelques minutes plus tard il tapotait encore à mon épaule et là j'ai ordonné à mon guide de me donner des nairas et je les lui ai remis. J'avais la chair de poule sur tout le corps, je tremblais de tous mes membres. Je peux vous assurer que c'était l'horreur !

Pendant le chemin de retour, j'ai encore entendu la petite voix du Saint Esprit qui m'avait parlé au sujet de la petite fille me dire : « Tu M'as vu tout à l'heure, J'étais en ce monsieur hideux de la gare routière ».

Matthieu 25 : 31 à 46 : *« Lorsque le Fils de l'homme viendra dans sa gloire, avec tous les anges, il s'assiéra sur le trône de sa gloire. Toutes les nations seront* *assemblées devant lui. Il séparera les uns d'avec les autres, comme le berger sépare les brebis d'avec les boucs et il mettra les brebis à sa droite et les boucs à sa gauche.*

Alors le roi dira à ceux qui seront à sa droite : Venez, vous qui êtes bénis de mon Père ; prenez possession du royaume qui vous a été préparé dès la fondation du monde. Car j'ai eu faim et vous m'avez donné à manger ; j'étais étranger et vous m'avez recueilli ; j'ai eu soif et vous m'avez donné à boire ; j'étais nu et vous m'avez vêtu ; j'étais en prison et vous êtes venus vers moi.

Les justes lui répondront : Seigneur, quand t'avons-nous vu avoir faim, et t'avons-nous pas donné à manger ; ou avoir soif et t'avons pas donné à boire ? Quand t'avons-nous vu malade, ou en prison, et sommes nous allés vers toi ?
Et le roi leur répondra : je vous le dis en vérité, toutes les fois que vous avez fait ces choses à l'un de ces plus petits de mes frères, c'est à moi que vous les avez faites.

Ensuite il dira à ceux qui seront à sa gauche : Retirez vous de moi, maudits ; allez dans le feu éternel qui a été préparé pour le diable et pour ses anges. Car j'ai eu faim et vous ne m'avez pas donné à manger ; j'ai eu soif et vous ne m'avez pas donné à boire ; j'étais étranger et vous ne m'avez pas recueilli ; j'étais nu et vous ne m'avez pas vêtu ; j'étais malade et en prison et vous ne m'avez pas visité.

Ils répondront aussi : Seigneur, quand t'avons-nous vu ayant faim, ou en ayant soif ou étranger, ou nu, ou malade, ou en prison et ne t'avons-nous pas assisté ?

Et il leur répondra : je vous le dis en vérité, toutes les fois que vous n'avez pas fait ces choses à l'un de ces plus petits, c'est à moi que vous ne les avez pas faites. Et ceux-ci iront au châtiment éternel, mais les justes à la vie éternelle ».

C'était vraiment cela que je vivais en direct. En moins de 24 heures, Jésus m'avait visitée deux fois dans ce grand pays qu'est le Nigeria.

Je rentre à Libreville le 25 octobre 1993 à 18h de Cotonou et dans la nuit une autre blessure est réouverte dans mon cœur. La petite amie de Philippe donnait naissance à un enfant. Encore du chagrin alors que tous ces voyages étaient sensés me faire oublier ! Comme quoi, il n'y a la paix qu'en Dieu et Lui Seul la donne ! Je passais le ¾ de mon temps seule à la maison. J'ai fini par m'habituer à cette vie de solitude mais malgré tous ces moments je n'avais pas perdu Jésus Christ, Il était en moi et Il vivait en moi.

Le 06 Novembre 1993 en accord avec quelqu'un que Philippe connaissait, je suis emmenée à 30 kms de Libreville pour signer un acte de mariage alors même que nos parents respectifs n'étaient pas au courant et mieux n'étaient pas consentants. Sans le savoir, je rentrais pieds joints dans la malédiction.

Deutéronome 5 : 16 *« Honore ton père et ta mère comme l'Eternel ton Dieu te* *l'a ordonné afin que tes jours se prolongent et que tu sois heureux dans le pays que l'Eternel ton Dieu te donne ».*

Ephésiens 6 : 2 à 3 dit *« Honore ton père et ta mère (c'est le premier commandement avec une promesse), afin que tu sois heureux et que tu vives longtemps sur la terre ».*

Nous voilà en train d'aller signer en cachette un acte de mariage sans la bénédiction de nos parents respectifs. Vous savez, il y a des actes que nous posons dans la vie parfois simplement pour faire plaisir à certaines personnes que nous aimons et pensons sincères alors qu'elles ne le sont pas du tout : ces actes nous poursuivent toute notre vie si Jésus-Christ de Nazareth ne vient pas arrêter ce flot.

« Dieu est ici entrain de démontrer son soutien à la malédiction des parents. Nos parents naturels occupent une place sensible dans notre destinée. Il y en a beaucoup aujourd'hui dans le Royaume de Dieu qui sont tourmentés et torturés parce qu'ils ont méprisé leurs parents. Quelqu'un dira : « Mais ils ne sont pas nés de nouveau » Peu importe ! Qu'ils soient nés de nouveau ou non, la Parole de Dieu dit que nous avons deux sortes de parents : nos parents naturels et nos parents spirituels[1]. » La bénédiction des parents est très importante.

Genèse 28 : 1 à 9 *« Isaac appela Jacob, le bénit et lui donna cet ordre : Tu ne prendras pas une femme parmi les filles de Canaan. Lève-toi, va à Paddan-Aram, à la maison de Bethuel, père de ta mère, et prends-y une femme d'entre les filles de Laban, frère de ta mère.*

Que le Dieu Tout Puissant te bénisse, te rende fécond et te multiplie, afin que tu deviennes une multitude de peuples ! Qu'il te donne la bénédiction d'Abraham, à toi et à ta postérité avec toi, afin que tu possèdes le pays où tu habites comme étranger, et qu'il a donné à Abraham.

Et Isaac fit partir Jacob, qui s'en alla à Paddan-Aram, auprès de Laban, fils de Bethuel, l'Araméen, frère de Rebecca, mère de Jacob et d'Esaü.

Esaü vit qu'Isaac avait béni Jacob, et qu'il l'avait envoyé à Paddan-Aram pour y prendre une femme, et qu'en le bénissant il lui avait donné cet ordre : Tu ne prendras pas une femme parmi les filles de Canaan. Il vit que Jacob avait obéi à son père et à sa mère, et qu'il était parti pour Paddan-Aram. Esaü comprit ainsi que les filles de Canaan déplaisait à Isaac son père ».

Le 28 Février 1994 pendant mon sommeil, je suis ravie en esprit et me retrouve dans une salle d'opération avec les mains et les pieds attachés. Tout le monde était tout de blanc vêtu avec des gants, des caches nez, des blouses toutes blanches d'un

---

[1] Briser les malédictions de la vie. David O. OYEDEPO p. 54

blanc étincelant et ils attendaient le grand docteur.

Arrive le grand docteur qui débuta mon opération. Lorsqu'il eut fini ce travail, il dit : « J'ai changé la trompe malade... ». A mon réveil, j'avais tous les symptômes d'une opérée ; j'ai du me traîner par terre pour aller faire miction tout en me demandant ce qui se passait. C'est après que j'ai revu la vision de la nuit où je me faisais opérer et j'ai compris que Jésus le Fils de Dieu venait de m'opérer Lui Même, qu'il venait encore de me faire du bien : j'étais guérie.

Il faut remarquer que je n'avais toujours pas mes menstrues, pour les avoir je devais constamment avoir recours à des médicaments qui me servaient d'hormones (Duphaston etc.). De Mars à Octobre 1994 j'ai eu mes menstrues régulièrement et j'étais redevenue une femme normale. Gloire à Dieu !

La Bible déclare que Jésus passait son temps à guérir les malades (toutes sortes de maladies) avec des méthodes parfois peu orthodoxes. Pour moi il a changé la trompe malade ; où est il allé chercher cette trompe ? Au point qu'à mon réveil j'avais tous les symptômes d'une opérée physiologique. Mystère, Mystère, Mystère mais toute la Gloire revient à Dieu ! Que Jésus lui-même opère le miracle de guérison dans vos vies ! Amen !

Luc 4 : 40 à 41 « *Après le coucher du soleil, tous ceux qui avaient des malades atteints de diverses maladies les lui amenèrent. Il imposa les mains à chacun d'eux, et il les guérit. Des démons aussi sortirent de beaucoup de personnes en criant et en disant : Tu es le Fils de Dieu. Mais il les menaçait et ne leur permettait pas de parler, parce qu'ils savaient qu'il était le Christ* ».

Kathryn KUHLMAN a dit : « Je sais combien il est merveilleux de voir des corps guérir instantanément sous la puissance de Dieu, mais il existe une chose plus extraordinaire encore. Jésus l'a dit : "Vous devez naître de nouveau". Et ce n'est pas une option... Christ ne force jamais personne : si vous venez à la croix, ce sera votre décision personnelle... Tout ce que vous avez à faire, c'est d'accepter ce pardon. C'est à vous seul de choisir[2] ».

Au mois de Juillet 1994, ma sœur aînée qui est Docteur en Médecine me propose de m'emmener voir un de ses confrères qui était gynécologue et j'ai catégoriquement refusé en lui disant que Jésus-Christ est mon médecin. Vu son insistance, j'ai accepté. Ce gynécologue m'a alors demandé de faire une hystérographie. Je n'ai pas accepté tout de suite parce que c'était la énième hystérographie qu'on me demandait de faire et la dernière m'avait vraiment fait très mal.

Le jour de l'examen, j'ai dû y aller avec une cousine à moi parce que je

---

[2] Kathryn KUHLMAN par BENNY HINN – Editions VIDA

craignais de ne pas pouvoir conduire en rentrant. Quatre clichés ont été fait et le radiologue m'a demandé de descendre de la table et d'attendre en salle d'attente. Pendant que j'attendais tranquillement le rapport, le radiologue m'a rappelée et m'a demandée de me déshabiller à nouveau et de remonter sur la table. Frères et Sœurs, c'était le bon cliché parce que les quatre autres ont été mis à la poubelle.

De retour chez le gynécologue avec le rapport du radiologue, il a regardé le cliché et a proposé qu'on me fasse des séances d'hydro ; trois séances ont suffit. Et à la fin de toutes ses séances, le gynécologue ma dit ceci : « Médicalement tout va bien, si tu pries demande à Dieu de t'exaucer… ».

Quelques semaines après un membre de ma famille maternelle m'a cherchée et m'a proposée de m'emmener voir un tradi praticien qui devait nous dire ce qui faisait en sorte que je n'enfante pas et qui devait aussi me soigner pour que je puisse enfanter. J'ai dit à ce parent que j'aimais bien, que Jésus était mon Médecin dorénavant et qu'Il me donnerait ce que mon cœur désire et que, si jamais, Il ne m'exauçait pas Il me donnerait la capacité de supporter cet handicap.

Cette personne de me répondre : « Dieu aussi a dit : Aide-toi et le ciel t'aidera… » (Je ne sais pas si c'est Dieu qui a vraiment dit cela). Rappelez-vous la tentation de Jésus, le diable aussi connaît la Parole de Dieu. Pour arrêter cette conversation qui n'en finissait pas pour moi, il a été convenu que je devais changer mes idées négatives en positives et ce parent m'avait donc accordé quatre mois pour réfléchir et donner ma réponse au plus tard le 31 Décembre 1994.

Durant les mois de Novembre 1994, Décembre 1994, Janvier 1995, je n'ai pas mes menstrues, je ne me pose pas de questions parce que je crois en ce Bon et Grand Dieu que je suis guérie.

Le 20 Février 1995, je décide d'aller voir le gynécologue pour lui expliquer cette situation. Je sentais que j'avais comme une boule au niveau de mon bas ventre. Je veux faire remarquer qu'avant que ne je sache que je suis enceinte je faisais de l'automédication. Tous ces médicaments n'ont altéré en rien l'évolution de cette grossesse. Dieu soit loué !

Mon opération miraculeuse a eu lieu le 28 Février 1994 et le 20 Février 1995 une bonne nouvelle vient vers moi, le docteur m'annonce que je suis enceinte de 4 mois ½ et qu'il était anormal que je n'eusse pas encore fait les examens du premier trimestre au moins. J'ai su que j'étais enceinte par la Volonté Divine.

Que tous ceux qui se reconnaissent dans ce témoignage reçoivent la guérison et le désir de leur cœur au Nom de Jésus !

Frères et sœurs, ce n'était plus un embryon mais plutôt un fœtus tout formé dans mon ventre. Une échographie a été faite suivie d'une hospitalisation obligatoire.

Les quatre mois et demi qui restaient se sont passés sans problème. Je n'avais pas d'albumine, pas de cholestérol, pas de glycémie ; je buvais beaucoup de citronnelle (tisane).

« Aucun de nous n'est digne de la plus infime bénédiction. C'est grâce à sa miséricorde infinie seulement, et à sa grande compassion envers nous, que nous sommes bénis. La guérison reste l'acte souverain de Dieu[3] ».

J'ai donc commencé à faire mon trousseau à sept mois. Mon frère qui est installé aux USA m'appelait toutes les semaines. A un moment donné, il a opté pour m'envoyer des petites choses selon lui ; il m'a simplement demandé si je connaissais un douanier pour ne pas avoir à payer très cher. En fin de compte les cartons sont arrivés.

La faveur de Dieu était encore ma portion parce que j'ai été exonérée des droits de douane. Dans ces cartons il y avait tout ce que je voulais acheter ici à Libreville mais qui coûtait excessivement cher. C'était le Saint Esprit qui avait fait son travail en touchant le cœur de mon frère pour qu'il m'offre tout ce dont j'avais besoin pour accueillir le fils de la promesse.

Le Mardi 25 juillet 1995 à 09h le petit Emmanuel naît après toute une nuit de travail.

Auparavant j'avais demandé à Dieu de m'aider à supporter les contractions et c'est ce qu'il a fait. L'enfant était pourtant tête à la vulve mais avait le cordon ombilical autour du cou : il fallait donc procéder à une césarienne obligatoire.

Pourquoi Emmanuel ? C'était un vœu de ma part à Dieu, je lui ai dit ceci : « Si Tu me donnes cet enfant je l'appellerai Emmanuel et il Te servira et même si Tu m'en donnes d'autres je les appellerai tous Emmanuel ». Emmanuel était là vivant, bien portant, normal. Gloire soit rendue à Dieu ! Ma vie venait de changer, j'étais devenue mère grâce à Dieu qui m'avait lavée de l'opprobre des hommes. J'ai décidé d'allaiter cet enfant ; il n'a jamais goûté à la tétine d'un biberon et ce jusqu'à l'âge de 2 ans.

---

[3] Kathryn KUHMAN par BENNY HINN – Editions VIDA

PHOTOS EMMANUEL

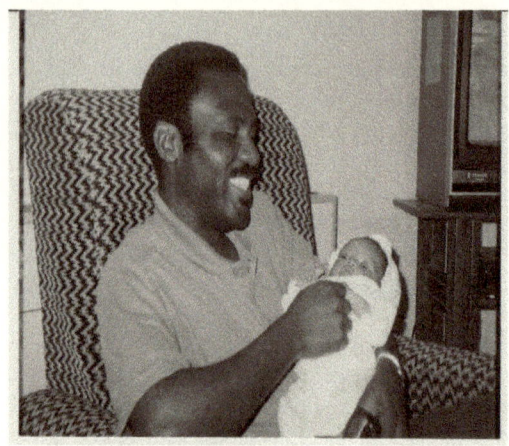

Avec le Gynécologue Vincent le 02 Août 1995

Avec maman Antoinette qui m'a fait l'eau chaude après l'accouchement

Emmanuel dans son berceau

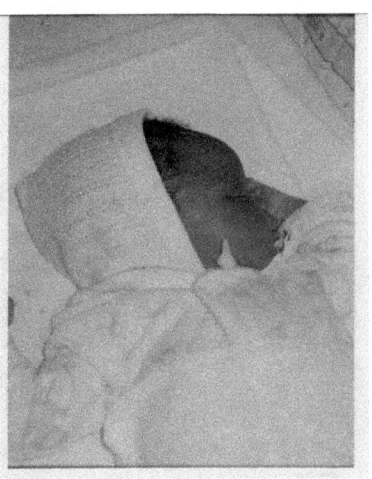

Emmanuel dans son sommeil

Avec mon amie Anne Marie aujourd'hui décédée

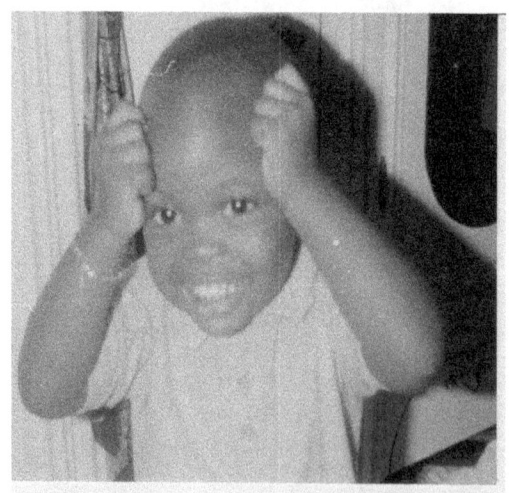

Emmanuel à 2 ans

Emmanuel à 2 ans ½ à Houston Texas (U.S.A.)

Au mois de Mars 1997 je me suis envolée pour les USA plus précisément à Houston au Texas présenter « la Gloire de Dieu » à mon frère cadet qui y réside. Celui là même qui à l'époque, m'avait offert le trousseau en partie de cet enfant. Le même m'a fait voyager avec cet enfant béni de Dieu. C'était encore un témoignage de l'Amour que Dieu avait pour moi. En rentrant des USA je suis tombée enceinte sans le savoir parce que j'allaitais encore Emmanuel. Après avoir été informée d'une situation qui m'a bouleversée, j'ai fait une fausse couche.

Trois ans plus tard après la naissance d'Emmanuel c'est-à-dire le Vendredi 04 Septembre 1998 à 3h du matin, j'accouchais d'une petite fille après avoir accordé le pardon un an plus tôt à mon mari qui m'avait trahi. -Le pardon est véritablement une puissance qui libère.

Cette fille que le Saint Esprit m'avait promise à Lagos au Nigeria cinq ans plus tôt était là. Comme mon fils, ma fille se prénomme Emmanuelle et a été aussi nourrie au sein jusqu'à l'âge de 3 ans.

Le travail pour l'accouchement d'Emmanuelle n'avançait pas et c'est une péridurale qui a été faite.

Un jour de l'année 2007 pendant que je discutais avec le Saint Esprit il m'a fait remarquer qu'Emmanuelle ressemblait à la petite fille de Lagos qu'il avait promis de me donner. Je me suis mise alors à observer ma fille qui dormait et il m'a remontré cette image. Frères et sœurs Jésus est vraiment Fidèle.

-Croyez simplement en Lui et s'Il vous a promis quelque chose attendez ! C'est le diable qui nous fait penser que c'est long et que Dieu ne peut pas nous exaucer. La patience est un fruit de l'Esprit.

Job 14 : 14 *« Si l'homme une fois mort pouvait revivre, j'aurais de l'espoir tout le temps de mes souffrances, jusqu'à ce que mon état vient à changer ».*

PHOTOS EMMANUELLE

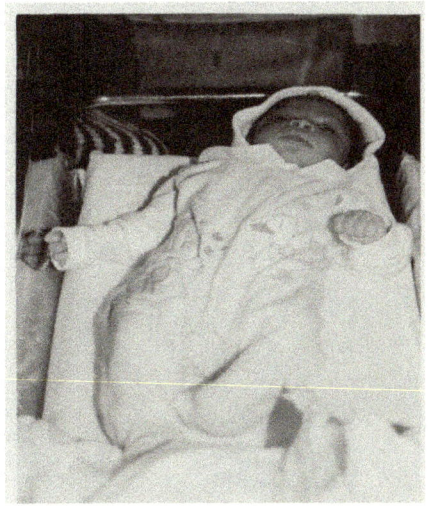

Emmanuelle à 2 jours

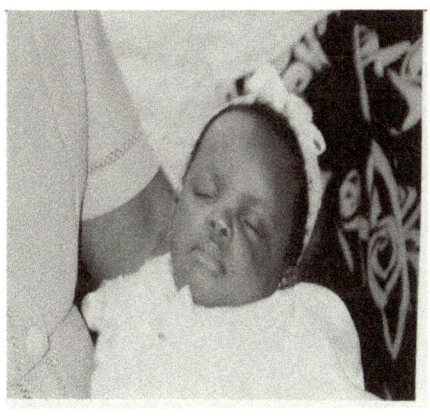

Emmanuelle à 3 mois

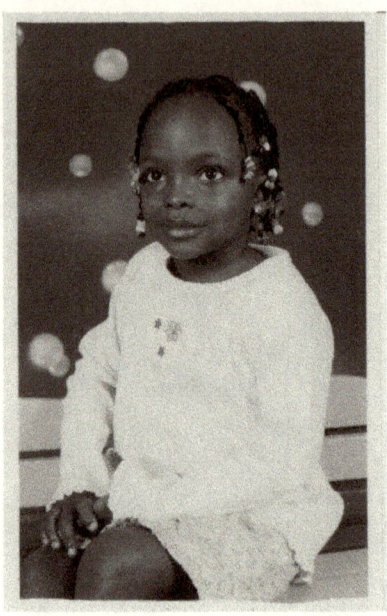

Emmanuelle à 4 ans

Je tiens à faire remarquer que tous ces miracles se sont produits pendant que j'étais à l'église catholique où j'allais tous les dimanches à la messe. Ce qui me pousse à faire remarquer cela est que ce n'est pas une église qui sauve mais plutôt un cœur connecté au Cœur de Dieu. J'ai aussi l'habitude de dire que beaucoup de catholiques se retrouveront au ciel d'une part, et que d'autre part, des chrétiens nés de nouveau qui n'auront pas travaillés à leur salut iront eux en enfer.

Philippiens 2 : 12 *« Ainsi, mes biens aimés, comme vous avez toujours obéi, travaillez à votre salut avec crainte et tremblement, non seulement comme en ma présence, mais bien plus encore maintenant que je suis absent ».*

Le premier commandement de Dieu nous ordonne ceci :

Marc 12 : 30 *« Tu aimeras le Seigneur ton Dieu de tout ton cœur, de toute ton âme, de toute ta pensée et de toutes tes forces.. ».*

Et c'est vraiment vrai je le crois. Ce n'est pas une question de doctrine ou d'église, mais c'est le fait d'avoir une relation personnelle profonde avec Jésus-Christ.

Pourquoi alors trouvons-nous des faux prophètes dans nos assemblées ? Jésus-Christ a pourtant dit :

Matthieu 24 : 23 à 24 *« Si quelqu'un vous dit alors : le Christ est ici, ou il est là, ne le croyez pas. Car il s'élèvera de faux christ et de faux prophètes ; ils feront de grands prodiges et des miracles, au point de séduire s'il était possible même les élus ».*

Nous devons avoir foi en Dieu seul et développer une relation personnelle avec Lui.

Luc 15 : 8 à 9 : *« Ou qu'elle femme, si elle a dix drachmes, et qu'elle en perde une n'allume pas une lampe, ne balaie la maison, et ne cherche avec soin jusqu'à ce qu'elle la retrouve ? Lorsqu'elle l'a retrouvée, elle appelle ses amies et ses voisines et dit : Réjouissez vous avec moi, car j'ai, retrouvé la drachme que j'avais perdue ».*

Après tous ces miracles, j'étais devenue une autre personne, je m'occupais de mes enfants moi-même ; j'avais refusé de travailler à nouveau pour m'occuper totalement d'eux et ne pas dépendre d'une nounou comme nous le voyons de nos jours. Des liens très forts se sont tissés avec mes enfants depuis leur naissance et une grande complicité s'est développée entre nous.

Je commençais alors à exhorter certaines personnes qui venaient me voir pour des problèmes qu'ils avaient. Je voyais Dieu agir en eux par Sa Grâce. Chaque fois que je priais pour quelqu'un, je me sentais complètement vidée. Cette situation m'a poussée à vraiment chercher la face de l'Eternel.

J'avais besoin de me nourrir de la Parole de Dieu à tout moment mais je ne me retrouvais plus : j'avais besoin de grandir spirituellement. Quelque chose de très fort était née en moi et surtout une grande reconnaissance de ma part vis-à-vis de ce Grand et Bon Dieu.

1 Corinthiens 1 : 27 à 29 *« Mais Dieu a choisi les choses folles du monde pour confondre les sages ; Dieu a choisi les choses faibles du monde pour confondre les fortes ; et Dieu a choisi les choses viles du monde et celles qu'on méprise, celles qui ne sont point, pour réduire à néant celles qui sont, afin que nulle chair ne se glorifie devant Dieu. Or, c'est par lui que vous êtes en Jésus-Christ, lequel, de par Dieu, a été fait pour nous sagesse, justice, sanctification et rédemption, afin, comme il est écrit, que celui qui se glorifie se glorifie dans le Seigneur».*

Je me suis mise alors à chercher une église où j'allais être nourrie correctement par la Parole de Dieu. Ayant fait le tour des églises de réveil que je découvrais parce que venant de l'église catholique, je trouvais à redire sur ces maisons de culte. En fait nous n'y allons pas pour un homme mais pour chercher Dieu d'abord et je n'avais pas encore compris cela.

Par la Grâce Spéciale de Dieu, je me suis retrouvée dans une église (Eglise de la Foi Vivante – Chapelle des Vainqueurs. Le Bishop David O. OYEDEPO en est le Président) que j'appréciais parce que j'étais bien par la Parole de Dieu. J'ai commencé à m'y sentir bien.

Emmanuel (7 ans) et Emmanuelle (4 ans) le jour de leur présentation à la Chapelle des Vainqueurs de Libreville (Gabon)

20 AOUT 2001 A CE JOUR

J'ai donc continué dans cette église et je m'y sentais bien. Nous allions une fois par an en pèlerinage à Lagos au Quartier Général de ce Ministère. J'y ai été avec les enfants en Décembre 2003 et au retour de là, je suis tombée de nouveau enceinte mais cette grossesse a failli m'emporter. Dieu est venu Lui Même me prendre devant le portail de la mort parce que dans le paquet de ma destinée encore une fois, je ne devais pas quitter cette terre de cette manière violente.

Emmanuel avait 9 ans et Emmanuelle sa sœur 6 ans. N'ayant pas pu leur cacher cette énième souffrance (parce qu'ils l'ont vécu) je leur ai laissé la latitude de continuer à me consoler ne serait ce que par leur présence. C'était des moments vraiment pénibles, très douloureux pour moi. Je n'avais que Jésus-Christ. Grâces soient rendues à Dieu parce que Lui Seul m'a soutenue et rassurée.

« Tôt ou tard, nous devons descendre dans cette vallée de peines, de souffrances, de ténèbres et de larmes. Un cœur qui n'a jamais connu la souffrance est rabougri... et cette existence ne peut vivre les accords de joie les plus profonds, sans avoir connu les profondeurs des plus grandes douleurs[4] ».

Le 10 Juin 2004, je me suis rendue au Tribunal pour demander le divorce parce que je ne concevais pas le mariage de cette façon là. Entre-temps, vu tous les conseils que j'ai reçu de la part des pasteurs, j'ai brandi l'arme du pardon vis-à-vis de mon mari au moment de la conciliation qui a eu lieu le 19 Juillet 2004, au grand étonnement du juge conciliateur.

En Août 2004 je me suis inscrite à « l'Institut Biblique Parole de Foi » pour approfondir ma connaissance de Dieu. En Décembre 2004 encore une fois, toujours avec mes enfants me voilà à Lagos en pèlerinage à nouveau. C'était bien, surtout pour moi, après l'épreuve de la mort. Même les enfants étaient heureux.

Vu les différentes violences verbales, physiques proférées et faites à mon encontre devant les enfants par leur père, ceux-ci étaient devenus à leur tour violents à l'école par mimétisme. Leur scolarité a pris un coup sérieux. J'ai donc pris la ferme résolution de quitter le domicile conjugal le 22 Mars 2005 au matin avec les enfants. Mon âme bénit l'Eternel pour la restauration que Dieu a faite dans nos vies.

Après mon départ, il fallait tenir ferme devant les ragots des gens. Mais en fait ces ragots étaient des marches d'escalier pour moi parce que, j'allais quelque part, vers une destination que seul l'Eternel connaissait. -N'ayez pas peur de ce que les gens peuvent dire de vous, laissez les parler et envoyez-les à votre boite vocale.

Au mois de Mai 2005 juste deux mois après avoir quitté mon foyer, j'ai été

---

[4] Kathryn KUHLMAN par BENNY HINN – Editions VIDA

mise en contact avec un frère Nigérian de l'Eglise le nommé IZEKO Solomon qui était en détresse. A ses dires, il avait perdu tous ses papiers et voulait maintenant qu'on l'aide à regagner son pays. J'ai donc été contactée par un autre frère pour que je l'aide. Je tiens à faire remarquer que la générosité est ma portion, j'aime aider les gens, faire plaisir etc. Il a regagné son pays trois semaines après qu'on me l'eut présenté.

De son pays, il m'a appelée et m'a remerciée encore. Il m'a fait la proposition de faire un tour à Lagos au Nigéria question de voir ses parents qui sont reconnaissants vis-à-vis de moi.

J'avais besoin de souffler un peu et je suis partie à Lagos juste pour une semaine. Arrivée sur les lieux, qu'elle n'était pas ma surprise de voir que tout était mis en place pour que je signe un papier qui allait me condamner plus tard. Même ses parents que j'étais sensée rencontrer d'après lui, je ne les ai pas vu.

Au contraire, mon passeport m'a été demandé et surtout il fallait que je signe ce fameux document (dont copie ci-jointe). C'était sa part d'héritage légué par son défunt père qu'il mettait cette fois-ci à ma disposition étant donné que je lui avais fait du bien. Cet argent se trouvait dans une banque à Londres d'après lui. De tout cela, je n'ai rien vu arriver. Cette affaire a été préparée pour moi depuis l'enfer vu la force avec laquelle elle est arrivée ; je ne savais plus ce que je faisais parce que j'ai signé moi-même mon arrêt de mort de ma propre main.

De Juin 2005 à Avril 2006 je n'ai fait que virer de l'argent à Lagos au Nigéria. Des prétendus certificats à payer à la Banque Centrale du Nigéria par exemple, de l'argent pour la société qui a transféré l'argent (Société fictive).

Au mois d'Octobre 2005, j'ai encore fait un tour à Lagos cette fois-ci accompagnée de ma sœur aînée qui voulait voir clair dans cette affaire et surtout qu'elle m'avait aussi prêté de l'argent. Nous avons rencontré Messieurs IZEKO Solomon, Prince Andrew ALOBA qui lui était agent de la Royal Dutch (Société fictive) et qui était d'ailleurs constamment en relation avec moi (mail– téléphone).

En Décembre 2005, j'ai été informée que l'argent ne pouvait plus rester au Nigéria et qu'il fallait le transférer cette fois-ci au Ghana et que dorénavant là bas j'allais avoir pour interlocuteur un certain Maître MAHIDU.

Cette histoire s'est terminée le 28 Avril 2006, jour où j'ai su que j'avais été roulée par quelqu'un que j'avais aidé pour un montant de 10 millions de francs CFA. De l'argent tombé dans l'escroquerie. Cette histoire m'a sérieusement appauvrie. –L'homme est un loup pour l'homme.

Le frère en Christ qui m'avait présenté à ce nigérian est mort en Janvier 2006 d'un cancer du foie qui l'a emporté en trois mois. Ayant appris son décès j'ai commencé à demander au Seigneur pourquoi ? Nous étions dans le même groupe de prière, nous servions le Seigneur avec beaucoup d'entrain, pourquoi lui ? Ce n'est qu'à la fin de cette histoire que j'ai compris que c'était « un loup dans la bergerie » comme on en trouve dans nos assemblées.

La Bible déclare :

Psaumes 105 : 15: *« Ne touchez pas à mes oints et ne faites pas de mal à mes prophètes »*.

Le 13 Septembre 2006 j'ai écris au Directeur National d'Interpol sur le conseil de quelqu'un qui s'était engagé à me présenter à une haute personnalité de mon pays. Encore une fois, Dieu voulait que je comprenne une fois pour toutes que le secours ne vient que de lui et que sa bénédiction est la meilleure. C'était mon désert et j'ai beaucoup souffert croyez-moi. On ne meurt pas dans le désert mais on le traverse avec détermination. Il fallait garder la tête haute devant mes enfants, à mon lieu de travail mais malgré cela je ne me suis pas découragée. C'est ma foi en Dieu seul plus Sa fidélité qui me faisait avancer. La Bible déclare :

Jérémie 17 : 5 à 6 : *« Ainsi parle l'Eternel : Maudit soit l'homme qui se confie dans l'homme, qui prend la chair pour son appui, et qui détourne son cœur de l'Eternel ! Il est comme un misérable dans le désert, et il ne voit point arriver le bonheur ; il habite les lieux brûlés du désert, une terre salée et sans habitants »*.

Cette histoire démontre que l'acquisition de la maturité et du discernement sont aussi des étapes par lesquelles il faut passer et faire des expériences parfois désagréables.

Matthieu 10 : 16 *« Voici, je vous envoie comme des brebis au milieu des loups. Soyez donc prudents comme les serpents, et simples comme les colombes »*.

L'argent qui est bon pour nous c'est celui qui vient de Dieu et que nous devons nous efforcer à gagner en travaillant.

Document de la Royal Dutch
(Société fictive)

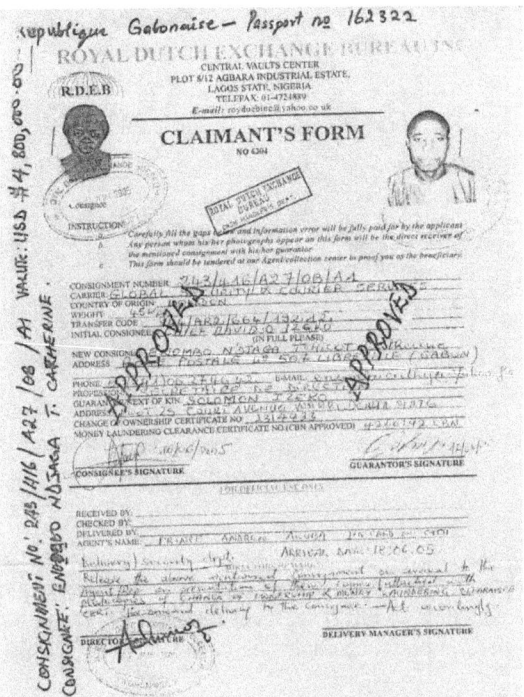

Après cette épreuve, je suis rentrée dans un tourbillon de trahisons de toutes sortes ; ce n'est que plus tard que j'ai compris que toutes ces choses avaient été permises par Dieu et étaient encore des marches d'escalier pour moi et que ces marches m'emmenaient quelque part.

En Juillet 2006 je me suis inscrite à nouveau à « l'Institut Biblique Parole de Foi » pour le premier niveau et en Octobre 2006 pour le niveau supérieur. Après tous ces cours, de par ma profession d'Assistante, je prenais toutes les notes à la virgule et au point près ; j'ai ensuite arrangé tout cela avec l'aide du Saint Esprit et aujourd'hui mon livre que j'ai intitulé :

« **LA LUMIERE QUI ECLAIRE LES NATIONS** », par la Grâce de Dieu, est en cours d'élaboration.

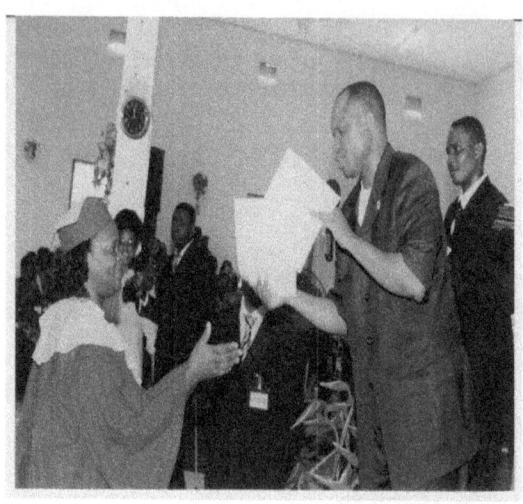

Juillet 2006 - Remise de Diplôme après l'Institut Biblique

« La connaissance n'est pas vendable ; c'est votre talent que vous vendez….. Le talent n'est pas fonction du diplôme, il est fonction des tactiques…, des stratégies que vous avez construites pour accomplir une tâche »[5].

« **MON HISTOIRE** » est un « best » qui raconte ma vie, ma rencontre et ma consécration à Dieu ; c'est une instruction expresse du Saint Esprit.

Une fois, j'ai été voir un Serviteur de Dieu qui m'a fait cette révélation : « Je vois un stylo dans tes mains… ». Dieu est fidèle et cela vient vraiment de Lui.

Audiblement, en Août 2006 alors que j'étais dans les tribulations financières, pendant un service j'ai entendu le Seigneur me dire : « Je te restaurerai … » ; Je me suis dit que c'était merveilleux et que j'allais pouvoir combler tous les trous financiers que j'avais. Mais c'était sans compter avec le fait que Dieu écrit droit avec des lignes courbes. En effet, au moment où j'attendais la restauration financière, c'est finalement une restauration spirituelle qui arriva et je crois que c'est la meilleure parce que c'est le spirituel qui gère le physique.

Le 06 Septembre 2008 je reçois un huissier qui me signifiait que je devais me présenter devant un juge matrimonial pour une conciliation suite à une demande de divorce déposée cette fois-ci par Philippe pour jouir pleinement de sa liberté étant

---

[5] Domine ton monde. David O. OYEDEPO p. 79

donné que cela faisait 3 ans ½ que j'avais quitté le foyer conjugal.

Il demandait la garde des enfants en argumentant que je n'avais pas la capacité de m'en occuper correctement, de les loger décemment et exigeait que je sois condamnée aux entiers dépens.

Le divorce a été prononcé le 19 Février 2009 au Tribunal de Libreville (GABON). J'ai obtenu la garde des enfants avec un droit de visite chez leur père et il a été condamné aux dépens. -Dieu est Fidèle.

Aujourd'hui, j'ai fini par comprendre que ce que Dieu a écrit sur toi est écrit et que quelque soit les tribulations, les trahisons, les problèmes, rien ne peut arrêter la machine de Dieu. Le paquet de la destinée est préservé par Dieu seul. Ce que Dieu a écrit concernant Son enfant s'accomplira toujours parce que le crayon de Dieu n'a pas de gomme. Aujourd'hui, je sers le Seigneur de tout mon cœur et par Sa grâce Il me soutient.

Les deux paroles de mon appel sont les suivantes :

Actes 10 : 38 : « *Vous savez comment Dieu a oint du Saint Esprit et de force Jésus de Nazareth, qui allait de lieu en lieu faisant du bien et guérissant tous ceux qui étaient sous l'empire du diable, car Dieu était avec lui*».

Romains 8 : 19 : «*Aussi la création attend elle avec un ardent désir la révélation des fils de Dieu* ».

Frères, sœurs, tout ce que Dieu a dit sur vous s'accomplira quel que soit le temps. Ne vous en faites pas surtout. Mais il est aussi important de supporter d'abord ce que vous devez supporter, c'est-à-dire : accepter de payer le prix parce qu'il y a un prix à payer. Mais qu'est ce que le prix à payer ?

1 Corinthiens 2 : 9 « *Mais, comme il est écrit, ce sont des choses que l'œil n'a point vues, que l'oreille n'a point entendues et qui ne sont point montées au cœur de l'homme, des choses que Dieu a préparées pour ceux qu'il aiment* ».

Mais à une condition que tu supportes ce que tu dois supporter.

Le prix à payer c'est la mort totale à soi même et elle ne peut avoir lieu que dans la prière. Cette mort doit se renouveler chaque jour ; c'est chaque jour qu'il faut renoncer à la chair parce qu'elle est maudite et il faut l'apporter à la croix.

Luc 9 : 23 « *Si quelqu'un veut venir après moi, qu'il renonce à lui-même, qu'il se charge chaque jour de sa croix et qu'il me suive* ».

Benny Hinn a dit : « La mort quotidienne à soi même, qui est souvent très difficile demeure un combat qu'il faut livrer chaque jour[6] ».

D'où vient que les chrétiens n'acceptent pas de supporter l'insupportable, n'acceptent pas de payer le prix ?

Ne pas accepter de manger de la nourriture solide et préférer le lait ne te mettra pas sur le chemin du prix à payer.

1 Corinthiens 3 : 2 « *Je vous ai donné du lait, non de la nourriture solide car vous ne pouviez pas la supporter ; et vous ne le pouvez pas même à présent parce que vous êtes encore charnels* ».

Ne plus être charnel mais spirituel, avoir constamment le regard vers la croix de Jésus, abaisser son moi pour que Jésus prenne la première place. Tu dois pouvoir confesser Jésus Christ devant les hommes ; si tu as peur, si tu as honte de confesser Jésus tu n'es pas encore prêt (e) à payer le prix.

Luc 9 : 57 à 62 « *Pendant qu'ils étaient en chemin, un homme lui dit : Seigneur, je te suivrai partout où tu iras. Jésus lui répondit : les renards ont des tanières et les oiseaux du ciel ont des nids ; mais le Fils de l'homme n'a pas un lieu où il puisse reposer sa tête. Il dit à un autre : Suis-moi. Et il répondit : Seigneur permet moi d'aller d'abord ensevelir mon père. Mais Jésus lui dit : laisse les morts ensevelir leurs morts et toi, va annoncer le Royaume de Dieu. Un autre dit : je te suivrai Seigneur, mais permets moi d'aller d'abord prendre congé de ceux de ma maison. Jésus lui répondit : Quiconque met la main à la charrue et regarde en arrière n'est pas propre au royaume de Dieu* ».

Luc 14 : 26 à 33 « *Si quelqu'un vient en moi, et s'il ne hait pas son père, sa mère, sa femme, ses enfants, ses frères et ses sœurs, et même sa propre vie, il ne peut être mon disciple. Et quiconque ne porte pas sa croix et ne me suis pas ne peut être mon disciple. Car lequel de vous, s'il veut bâtir une tour ne s'assied d'abord pour calculer la dépense et voir s'il a de quoi la terminer, de peur qu'après avoir posé les fondements, il ne puisse l'achever, et que tous ceux qui le verront ne se mettent à le railler en disant : Cet homme a commencé à bâtir et il n'a pu achever ? Ou quel roi, s'il va faire la guerre à un autre roi ne s'assied d'abord pour examiner s'il peut avec dix mille hommes, marcher à la rencontre de celui qui vient l'attaquer avec vingt mille ? S'il ne le peut, tandis que cet autre roi est encore loin, il lui envoie une ambassade pour demander la paix. Ainsi donc, quiconque d'entre vous ne renonce pas à tout ce qu'il possède ne peut être mon disciple* ».

---

[6] L'onction. Benny Hinn p. 173

Tu dois aussi accepter de souffrir pour Jésus Christ.

Philippiens 1 : 29 « *Et cela de la part de Dieu, car il vous a été fait la grâce par rapport à Christ, non seulement de croire en lui, mais encore de souffrir pour lui* ».

Lorsque nous voyons des serviteurs de Dieu oints, est ce que nous pouvons nous imaginer comment ils ont payé le prix pour en arriver là ? Il faut pouvoir ébranler des forteresses, avoir le regard sur Jésus seul, supporter des coups émotionnels durs, parfois très durs, rester courbé tout en sachant que Jésus Christ lui-même a payé le prix.

Lorsque je suis tombée enceinte de mon fils Emmanuel, j'aimais manger le KALABA (le KALABA est une espèce de pierre qui ressemble à de l'argile) et en général les femmes en raffolent surtout lorsqu'elles sont enceintes. Je me suis retrouvée à manger et surtout, à aimer cela.

Après ma deuxième maternité, j'ai continué à manger et à aimer le KALABA jusqu'au jour où audiblement j'ai entendu la voix du Saint Esprit m'ordonner de ne plus manger cette saleté. J'ai osé parlementer avec lui en lui demandant de m'empêcher de manger autre chose mais pas le KALABA. Je me suis brûlée la gorge et j'ai demandé pardon à Dieu. Il m'a pardonné.

Le KALABA était devenu comme une drogue pour moi. Après avoir mangé je prenais un bout en guise de dessert et j'aimais cela ; c'est comme un fumeur qui après avoir bien mangé ne se prive pas de sa cigarette. Quelques jours plus tard j'ai recommencé à en manger et cette fois-ci je me suis encore brûlée la gorge avec 40° de fièvre et je ne sentais plus la présence de Dieu à mes côtés. J'ai supplié Dieu une fois de plus en lui promettant que plus jamais je ne prendrais du KALABA et jusqu'aujourd'hui, par sa grâce je n'en prends plus. Gloire soit rendue à Dieu !

Que retenir de ce témoignage ? C'est que parfois nous donnons des ordres à Dieu, à Jésus-Christ et au Saint Esprit parce que notre chair veut nous dominer. Mais dès que l'on désobéit à l'Esprit de Dieu, nous ne sommes plus sur Son chemin.

La Bible déclare que l'homme ne vivra pas de pain seulement mais aussi de toute parole qui sort de la bouche de Dieu. -Deviens donc l'élève de Dieu. Si la parole te demande d'aller à droite tu dois l'accepter sans murmure. Ne dis surtout pas au Saint Esprit « ça oui, mais ça non », tu n'as pas de choix, c'est Lui qui dicte et tu acceptes.

Le prix à payer t'interdit de faire plaisir à l'homme mais plutôt plaire à Dieu seul. Cherche à plaire à Dieu seul.

Galates 1 : 10 « *Et maintenant, est ce la faveur des hommes que je désire ou* *celle de Dieu ? Est-ce que je cherche à plaire aux hommes ? Si je plaisais encore aux hommes, je ne serais pas serviteur de Christ »*.

KATHRYN KUHLMAN

Depuis 4 ans maintenant, j'ai décidé de changer l'écriture de mon premier prénom qui est Catherine en Kathryn.

Le prénom de Kathryn m'a beaucoup plu à cause de Mme KUHLMAN pour qui après 35 ans d'absence parce que décédée le 20 Février 1976 à l'âge de 68 ans pour moi et pour d'autres personnes vit encore.

Au moment de son décès j'avais 14 ans ½ mais comme je l'ai dit, elle vit encore à cause de l'Esprit de Dieu qui vivait en elle et qui vit en moi.

Kathryn KUHLMAN était une femme que Dieu a utilisée puissamment et qui aimait le Saint Esprit. Elle a emmené le réveil dans le monde entier.

Pour cette Servante de Dieu, le Saint Esprit est une Personne et je le pense aussi. Benny HINN en parle d'ailleurs dans le livre KATHRYN KUHLMAN par Benny HINN – Editions VIDA que je vous conseille de lire.

Sa vie aussi n'a pas été rose mais le Saint Esprit ne l'a jamais quittée. Puisse le Saint Esprit ne jamais nous quitter au Nom de Jésus !

Kathryn Kuhlman est née le 9 mai 1907 au Concorde, dans le Missouri (États Unis), de parents allemands, Joseph Adolph et Emma Walkenhorst Kuhlman. Elle était issue d'une famille de quatre enfants : Myrtle, Earl, Kathryn et Geneva. Elle se convertit en 1921 dans une réunion de réveil d'une église méthodiste, dirigée par un évangéliste baptiste, le Révérend Hummel.

Elle mourut le 20 février 1976 à Tulsa, après une opération à cœur ouvert. Sa mort ne fut pas sans agitation, de part le fait qu'elle était célèbre et qu'elle avait laissé un testament réécrit en faveur de Dana Barton 'Tink' et Sue Wilkerson; les Wilkerson avaient connu Kuhlman depuis 1972, mais étaient devenus ses proches compagnons au début de 1975 et l'étaient resté jusqu'à sa mort.

Je vous rapporte quelques phrases concernant le Saint Esprit que Mme KUHLMAN a eu à dire pendant son séjour terrestre et qui m'ont beaucoup touchée.

«Doucement, doucement maintenant... Que tout le monde se recueille dans le plus grand silence » ; ceci dit, après une musique éclatante et de merveilleuses louanges. On aurait pu entendre une mouche voler. «*C'est dans le silence qu'Il vient* ».

«*Ne le voyez-vous pas? Sur quoi pourrais-je m'appuyer? Si j'avais fait des études... Si j'avais des dons... mais je n'ai rien de tout cela : je n'ai que LUI. Sans la puissance du Saint-Esprit, je ne suis RIEN... Je dépends entièrement de la puissance du Saint-Esprit* ».

«*Je n'ai jamais prétendu avoir un quelconque don de l'Esprit, je ne suis qu'un canal permettant au Saint-Esprit de l'emprunter... avec le seul dessein d'élever Jésus* ».

Pour Kathryn KUHLMAN, le Saint-Esprit est une PERSONNE. «*Le connaître est passionnant. On n'a jamais le temps de s'ennuyer avec Lui, jamais* ».

«*Dans bien des réunions ils brident le Saint-Esprit pour suivre leur idée. Mais... Il s'enfuit. Ils Le relèguent dans un coin en déclarant "nous l'avons", mais Il est bien au-dessus de tout ce qui caractérise les dénominations, et de toutes les idées préconçues des hommes...* «*Vous ne savez pas ce que vous manquez,* (déclarait-elle à ceux qui pensaient que le Saint-Esprit est seulement une influence, ou un mystère). *Il a quelque chose de particulier, et lorsque vous Le connaissez bien, Il devient vital pour vous, et c'est à ce moment-là que commence vraiment votre vie* ».

«*Si Dieu reprenait tout ce que j'ai, j'accepterais de vivre de pain sec et d'eau pour le restant de mes jours, et j'annoncerais l'Évangile dans les rues, mais je ne veux pas que Dieu me reprenne le Saint-Esprit* ».

Quant aux signes dont on parle si souvent dans les milieux pentecôtistes, elle ne les méprisait nullement : «*Je crois au parler en langues inconnues... selon les Écritures,* disait-elle, *mais quel est l'avantage de parler en une langue inconnue si cette manifestation n'est pas accompagnée de la puissance du Saint-Esprit et de l'Amour de Jésus-Christ ?* ».

«*Laissez-moi prêcher une heure sous l'onction, et je quitte cette estrade, encore plus fraîche physiquement et spirituellement qu'à mon arrivée, quand bien même je me serais trouvée dans un état d'épuisement total, avant de monter sur l'estrade...* ».

«*Dieu n'a pas expliqué à l'homme le secret de la naissance physique - alors pourquoi donc hésiter à accepter sans la comprendre la naissance de l'homme spirituel ? Toutes deux viennent de Dieu* ».

Kathryn disait aussi : «*Je sais combien il est merveilleux de voir des corps guérir instantanément sous la puissance de Dieu, mais il existe une chose plus extraordinaire encore* ». Jésus l'a dit : «*Vous devez naître de nouveau* ». **Jean 3 : 6 à 7.**

Et ce n'est pas une option... Christ ne force jamais personne : si vous venez à la croix, ce sera votre décision personnelle... Tout ce que vous avez à faire, c'est d'accepter ce pardon. C'est à vous seul de choisir ».

"*La vérité n'a pas besoin de défense*"[7].

---

[7] Merci au Weaton Collège et aux Archives de Centre Billy Graham pour cette biographie.

Joël 2 : 28 *«Après tout cela, je répandrai de mon Esprit sur toute chair; vos fils et vos filles prophétiseront, vos vieillards auront des songes, et vos jeunes gens des visions ».*

Je crois qu'après avoir lu ce best quelque chose de merveilleux se passe déjà dans vos vies. Puisse le Saint Esprit Lui-Même vous convaincre de la véracité de tous ces faits car Son témoignage est l'Esprit de prophétie.

Apocalypse 19 : 10 (c) *« Car le témoignage de Jésus est l'esprit de prophétie ».*

Ce qu'Il a fait pour moi, il peut aussi le faire pour vous. En 1989, j'ai accepté Jésus-Christ comme mon Sauveur et mon Seigneur Personnel et Il a changé ma vie, mon histoire. Comme moi, fais donc cette prière d'acceptation et tu seras sauvé (e) parce que Dieu ne fait acception de personnes au Nom de Jésus !

Apocalypse 3 : 20 *« Voici, je me tiens à la porte, et je frappe. Si quelqu'un entend ma voix et ouvre la porte, j'entrerai chez lui, je souperai avec lui, et lui avec moi ».*

« Seigneur Jésus, j'ai besoin de Toi. Merci d'être mort sur la croix pour mes péchés. J'ouvre la porte de ma vie et je t'accepte comme mon Sauveur et Seigneur. Merci pour le pardon de mes péchés et pour la vie éternelle que tu me donnes. Prends la direction de ma vie. Change ma destinée. Fais de moi la personne que Tu désires que je sois ».

La route du succès n'est pas droite. Il y a une courbe appelée Chute ; un rond point appelé Confusion ; des casse vitesse appelés Amis ; des feux rouges appelés Ennemis ; des voyants d'alarme appelés Famille ; vous aurez des pannes appelées Job.

Mais, si vous avez des pièces de rechange appelées Détermination ; un moteur appelé Persévérance ; une assurance appelée Foi ; un conducteur appelé Jésus-Christ cette route vous fera arriver à un endroit appelé Succès.

Psaumes 104 : 1 *« Mon âme, bénis l'Eternel ! Eternel, mon Dieu, tu es infiniment grand ! Tu es revêtu d'éclat et de magnificence ! »*.

IL EST BON LE SEIGNEUR !

....

ANNEXES

RECUEIL DES REFERENCES BIBLIQUES PAR ORDRE ALPHABETIQUE

Actes 10 :38
Apocalypse 19 : 10 (c)
Apocalypse 3 : 20
1 Corinthiens 1 : 27 à 29
1 Corinthiens 2 : 9
1 Corinthiens 3 : 2
Deutéronome 5 : 16
Ephésiens 6 : 2 à 3
Esaie 33 : 6
Galates 1 : 10
Genèse 28 : 1 à 9
Habacuc 2 : 2 à 3
Hébreux 4 : 13
Jean 3 : 6 à 7
Jérémie 17 : 5 à 6
Jérémie 29 : 11
Job 14 : 14
Joël 2 : 28
Luc 1 : 37
Luc 4 : 40 à 41
Luc 9 : 23
Luc 9 : 57 à 62
Luc 14 : 26 à 33
Luc 15 : 8 à 9
Marc 12 30
Matthieu 10 : 1
Matthieu 10 : 16

Matthieu 12 : 43 à 45
Matthieu 17 : 14 à 21
Matthieu 24 : 23 à 24
Matthieu 25 : 31 à 46
Osée 5 : 4
Philippiens 1 : 29
Philippiens 2 : 12
Psaumes 104 : 1
Psaumes 105 : 15
Romains 6 : 12 à 14
Romains 7 : 17 à 20
Romains 8 : 19
Romains 10 : 17
2 Thessaloniciens 3 : 9

Kathryn TCHICOT est une Servante de Dieu qui a reçue la visitation de l'Eternel plusieurs fois dans sa vie. « Mon Histoire » vous révèlera ma vie, ma rencontre et ma consécration au Seigneur Jésus ! Vous aurez aussi à lire des témoignages poignants qui je le crois vous feront prendre conscience que
« **Rien n'est impossible à Dieu** » **Luc 1 : 37**.

Je vous souhaite une bonne lecture et que le Bon Dieu vous bénisse, vous restaure et vous emmène sur les lieux élevés au Nom de Jésus !

Oui, je veux morebooks!

i want morebooks!

Buy your books fast and straightforward online - at one of world's fastest growing online book stores! Environmentally sound due to Print-on-Demand technologies.

Buy your books online at
www.get-morebooks.com

Achetez vos livres en ligne, vite et bien, sur l'une des librairies en ligne les plus performantes au monde!
En protégeant nos ressources et notre environnement grâce à l'impression à la demande.

La librairie en ligne pour acheter plus vite
www.morebooks.fr

 VDM Verlagsservicegesellschaft mbH
Heinrich-Böcking-Str. 6-8   Telefon: +49 681 3720 174   info@vdm-vsg.de
D - 66121 Saarbrücken   Telefax: +49 681 3720 1749   www.vdm-vsg.de

www.ingramcontent.com/pod-product-compliance
Lightning Source LLC
Chambersburg PA
CBHW020809160426
43192CB00006B/506